Vamos falar de SAÚDE

FERNANDO CARRARO

São Paulo – 2011
1ª edição
FTD

Vamos falar de saúde

EDITORA FTD S.A.
Matriz: Rua Rui Barbosa, 156 – Bela Vista – São Paulo – SP
CEP 01326-010 – Tel. (0-XX-11) 3598-6000
Caixa Postal 65149 – CEP da Caixa Postal 01390-970
Internet: <www.ftd.com.br>
E-mail: ciencias.naturais@ftd.com.br

Diretora editorial Silmara Sapiense Vespasiano
Editora Débora Lima
Editora assistente Liege M. S. Marucci
Assistente de produção Ana Paula Iazzetto, Lilia Pires
Assistente editorial Silvia Elena de Souza
Preparadoras Edna Viana, Eliza Hitomi Yamane, Fernanda Rodrigues, Márcia Aparecida F. Anjo
Revisoras Carolina Manley, Célia R. N. Camargo, Rita Lopes, Sirlei S. Panochia, Solange Pereira
Coordenador de produção editorial Caio Leandro Rios
Editor de arte, projeto gráfico e capa Carlos Augusto Asanuma
Ilustrações que acompanham o projeto e capa André Ceolin
Pesquisadores iconográficos Daniel Cymbalista, Etoile Shaw
Assistente de pesquisa Cristina Mota
Editoração eletrônica
Diagramação Maurilo Rossato Sampaio
Tratamento de imagens Eziquiel Racheti
Gerente de produção gráfica Reginaldo Soares Damasceno

Dados Internacionais de Catalogação na Publicação (CIP)
(Câmara Brasileira do Livro, SP, Brasil)

Carraro, Fernando
Vamos falar de saúde / Fernando Carraro. – 1. ed. – São Paulo : FTD, 2011.

Suplementado pelo manual do professor.
ISBN 978-85-322-8005-3

1. Ciências (Ensino fundamental) 2. Saúde I. Título.

11-08497 CDD-372.35

Índices para catálogo sistemático:
1. Ciências : Ensino fundamental 372.35

Há pessoas
que vieram
ao mundo
para realizar
grandes missões.
Pessoas que se
destacaram por
fazer algo de
grandioso e belo.
Pessoas que se
doaram. Pessoas
que fizeram a
diferença. Entre
elas, destacamos
Zilda Arns.
A ela
a homenagem,
o carinho e
a gratidão
de todo o povo
brasileiro.

A Zilda Arns, fundadora da Pastoral da Criança e vítima do terremoto que devastou o Haiti em 12 de janeiro de 2010.

A todos os que atuam no serviço público de saúde fazendo dessa atividade mais do que sua profissão, uma doação: funcionários do Sistema Único de Saúde (SUS), das Unidades Básicas de Saúde (UBS), das Unidades de Pronto Atendimento (Upas) e do Serviço de Atendimento Móvel de Urgência (Samu); agentes comunitários da saúde; agentes e voluntários da Defesa Civil e da Cruz Vermelha, entre outros.

POSTO DE
RESÍDUO
SECO

Sumário

O COMEÇO DA HISTÓRIA 

Férias! Quem não gosta? Só que fazia tempo que não viajávamos juntos. Nunca dava certo...

Mas este ano, até que enfim, uma ótima notícia: meus pais conseguiram tirar alguns dias de folga do trabalho juntos, e isso bem nas minhas férias escolares! Assim, foi possível programar uma viagem para a praia com minha família por duas semanas.

O dia tão esperado chegou. Minha mãe, ocupada em arrumar as malas, me perguntou:

– Giovana, já pegou o que você quer levar para a praia?

– Já, mãe! – respondi animada. Eu deixei minhas coisas prontas bem depressa, no dia anterior, de tanta vontade de viajar que eu estava.

– Seu pai deve estar chegando!

Meu pai tinha ido ao posto de gasolina, porque ficou encarregado de deixar o carro pronto e abastecido. Assim que voltou, colocamos a bagagem no porta-malas e lá fomos nós pegar a estrada para o litoral.

ATÉ QUE ENFIM, PRAIA! 

No quarto andar de um prédio perto da praia ficava o apartamento alugado para as nossas férias. Mal chegamos e fui logo ajudando meus pais a arrumar as coisas no apê. Estava com pressa para descer e conhecer o pessoal do prédio.

Encontrei uma porção de meninas e meninos da minha idade. Quase todos são também do 4º ano do Ensino Fundamental, como eu. Fiz amizade com o Joãozinho, o Carlos, a Ana, a Duda e o Júnior, que moravam no interior de São Paulo.

Combinamos de ir à praia juntos, e fizemos isso durante as duas semanas de minhas férias.

O tempo passou bem depressa, e eu me diverti muito com meus novos amigos.

No dia de voltar para casa, fui dar uma última volta pela praia e me despedir da turma, já que alguns meninos e meninas ficariam mais uma semana por lá. Caminhei pela areia macia e quente, lembrando os bons momentos daquelas férias.

Distraída, olhando para o mar, pisei em falso e senti uma dor forte e aguda. Um caco de vidro, coberto de sujeira e escondido na areia, fez um corte feio no meu pé!

Vi o Joãozinho e a Ana ali perto e pedi ajuda. O Joãozinho foi correndo chamar meus pais, enquanto a Ana me socorria. Eles acharam melhor me levar ao hospital. O machucado parecia sério.

NO HOSPITAL

Precisei levar alguns pontos, porque o corte era bem grande. O médico do pronto-atendimento explicou:

– Giovana, em caso de ferimento por corte, causado por algum objeto sujo, a pessoa acidentada precisará receber a vacina antitetânica, se não tomou a vacina de reforço. Mesmo as crianças já imunizadas precisam receber uma dose de reforço de vacina contra tétano e difteria; já os adultos devem tomar o reforço a cada dez anos, para assegurar proteção adequada.

Captura via escâner

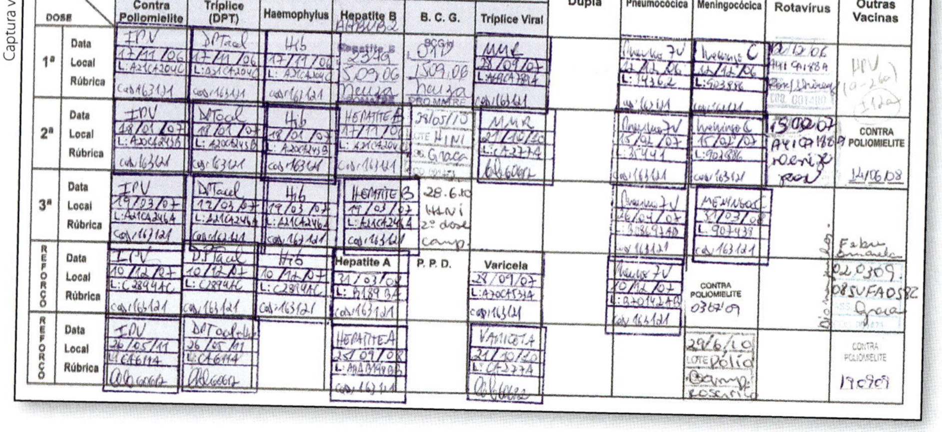

DOSE / VACINA		Contra Poliomielite	Tríplice (DPT)	Haemophylus	Hepatite B	B. C. G.	Tríplice Viral	Dupla	Pneumocócica	Meningocócica	Rotavírus	Outras Vacinas
1ª	Data Local Rúbrica	IPV 17/11/06 L:A21C4204C cod 163121	DPTacel 17/11/06 L:A21C4204C cod 163121	Hib 17/11/06 L:A21C4204C cod 163121	Hepatite B 15.09.06 Neuza	BCG 15.09.06 Neuza	MMR 28/09/07 L:A49CA789A cod 163121		Pneumo 7V 12/12/06 L:14362 cod 163121	Meningo C 12/12/06 L:903886 cod 163121	12/12/06	HPV
2ª	Data Local Rúbrica	IPV 18/01/07 L:A20C4243B cod 163121	DPTacel 18/01/07 L:A20C4243B cod 163121	Hib 18/01/07 L:A20C4243B cod 163121	HEPATITE B 17/11/06 L:A21C4204C cod 163121	28/05/10 H1N1 Graça	MMR 21/10/10 L:CA277A		Pneumo 7V 15/02/07 L:35441 cod 163121	Meningo C 15/02/07 L:903886 cod 163121	15/02/07	CONTRA POLIOMIELITE 14/06/08
3ª	Data Local Rúbrica	IPV 19/03/07 L:A21C4246A cod 163121	DPTacel 19/03/07 L:A21C4246A cod 163121	Hib 19/03/07 L:A21C4246A cod 163121	HEPATITE B 19/03/07 L:A21C4246A cod 163121	28.6.10 H1N1 2ª dose camp.			Pneumo 7V 26/04/07 cod 163121	MENINGO C 31/03/08 L.907438 cod 163121		
REFORÇO	Data Local Rúbrica	IPV 10/12/07 L:C2894AC cod 163121	DPTacel 10/12/07 L:C2894AC cod 163121	Hib 10/12/07 L:C2894AC cod 163121	Hepatite A 31/03/08 cod 163121	P. P. D.	Varicela 28/09/07 L:A70C4531A cod 163121		Pneumo 7V 10/12/07 cod 163121	CONTRA POLIOMIELITE 03/07/09		02.03.09 08SUFA0582 Graça
REFORÇO	Data Local Rúbrica	IPV 26/05/11 L:CA6114	DPTacel 26/05/11 L:CA6114		HEPATITE A 25/09/08 cod 163121		VARICELA 21/10/10 L:CA277A			29/6/10 LOTE Pólio Camp.		CONTRA POLIOMIELITE 19/09/09

Carteira de vacinação de criança de 9 anos.

Calendário Básico de Vacinação da Criança do Ministério da Saúde 2008

Idade	Vacinas	Doses	Doenças evitadas
Ao nascer	BCG - ID	Dose única	Formas graves de tuberculose
	Vacina contra hepatite B	1ª dose	Hepatite B
1 mês	Vacina contra hepatite B	2ª dose	Hepatite B
2 meses	Vacina tetravalente (DTP + Hib)	1ª dose	Difteria, tétano, coqueluche, meningite e outras infecções causadas pelo Haemophilus influenzae tipo b
	VOP (vacina oral contra pólio)	1ª dose	Poliomielite (paralisia infantil)
	VORH (Vacina Oral de Rotavírus Humano)	1ª dose	Diarreia por Rotavírus
4 meses	Vacina tetravalente (DTP + Hib)	2ª dose	Difteria, tétano, coqueluche, meningite e outras infecções causadas pelo Haemophilus influenzae tipo b
	VOP (vacina oral contra pólio)	2ª dose	Poliomielite (paralisia infantil)
	VORH (Vacina Oral de Rotavírus Humano)	2ª dose	Diarreia por Rotavírus
6 meses	Vacina tetravalente (DTP + Hib)	3ª dose	Difteria, tétano, coqueluche, meningite e outras infecções causadas pelo Haemophilus influenzae tipo b
	VOP (vacina oral contra pólio)	3ª dose	Poliomielite (paralisia infantil)
	Vacina contra hepatite B	3ª dose	Hepatite B
9 meses	Vacina contra febre amarela	dose inicial	Febre amarela
12 meses	SRC (tríplice viral)	dose única	Sarampo, rubéola e caxumba
15 meses	VOP (vacina oral contra pólio)	reforço	Poliomielite (paralisia infantil)
	DTP (tríplice bacteriana)	1º reforço	Difteria, tétano e coqueluche
4 - 6 anos	DTP (tríplice bacteriana)	2º reforço	Difteria, tétano e coqueluche
	SRC (tríplice viral)	reforço	Sarampo, rubéola e caxumba
10 anos	Vacina contra febre amarela	reforço	Febre amarela

Calendário básico de vacinação da criança do Ministério da Saúde, 2008.

– A Giovana pode tomar essa vacina aqui hoje, doutor? – quis saber minha mãe. – Aqui está a carteira de vacinação da minha filha.

– Ótimo, que bom que trouxeram a carteirinha. Deixe-me ver... Sim, ela está em dia com a vacinação, mas é preciso mesmo tomar uma dose de reforço aqui no hospital.

DE VOLTA ÀS AULAS

Minhas férias terminaram e eu ainda não tinha me recuperado completamente do machucado no pé.

– Giovana, acabei de passar seu uniforme – disse minha mãe. – Já arrumou a mochila para amanhã?

– Sim, mãe.

– Ótimo. E não vá deitar tarde.

– Pode deixar.

À noite, fiquei lembrando das férias, dos amigos que conheci lá na praia e do acidente com o caco de vidro. Meu pé ainda doía um pouco. Também estava com saudade dos meus colegas da escola e pensava como seria a nova sala de aula este ano. Não dormi muito, mas acordei bem animada.

Fui para a escola de manhã cedo. O primeiro dia é sempre mais *light*. Nada mau para quem ficou um bocado de tempo parada.

Mesmo assim, o primeiro dia de aula sempre dá um friozinho na barriga: novos professores, novos colegas, mudança de classe...

A diretora deu as boas-vindas da escola para todas as turmas, e em seguida fomos conhecer nossa sala de aula. Ali os professores se apresentaram, e os alunos novos disseram seu nome e de onde tinham vindo.

Tivemos em seguida algum tempo para contar sobre nossas férias. Quando chegou a minha vez, falei sobre a praia e também sobre minha experiência no hospital por causa do machucado em meu pé.

Depois dessa conversa em classe, vinha o mais esperado recreio do ano. A gente ficava no pátio até o fim do período. Era o momento de rever os colegas, contar as novidades e fazer novas amizades...

O TEMA SUPERIMPORTANTE

No segundo dia as aulas foram normais. Mesmo assim a troca de novidades e a oportunidade de fazer novas amizades continuavam.

Quando bateu o sinal, entramos e ficamos à espera da professora. Ela chegou apressada, pedindo desculpas pelo atraso.

– Nossa coordenadora precisou fazer uma reuniãozinha com os professores – disse a professora Raquel enquanto colocava a bolsa sobre a mesa – e nos atrasamos um pouco.

– E sobre o que falaram, professora?

– Foi bom você perguntar, Giovana. A coordenadora passou o tema que será trabalhado este ano e apresentado depois na feira cultural.

– E qual é? – eu quis saber.

– Um tema superimportante. Alguém gostaria de tentar descobrir?

– ?!

– Aquecimento global? – arriscou Andreia.

– Preconceito e *bulling*? – emendou Letícia.

– Vou dar uma dica. É um assunto que frequentemente está nos noticiários.

– Drogas? Violência? – tentou Andreia novamente.

– Que pena, ninguém conseguiu descobrir o tema. Então, vou começar as atividades deste ano contando uma história. Ela será a minha dica para vocês... – disse a professora com um ar maroto e um belo sorriso no rosto.

ERA UMA VEZ...

Diz uma lenda que certa princesa esperava um filho e todos os dias pedia à sua fada madrinha:

– Por favor, dê a meu bebê que vai nascer o mais belo presente que uma pessoa possa ganhar!

Alguns meses depois, nasceu uma linda criança, um menino.

O tempo passou, e o filho da princesa foi crescendo. A mãe continuava fazendo seu pedido à fada madrinha diariamente. À noite, quando o filho ia dormir, sempre dizia a ele que em breve ganharia o mais belo presente do mundo.

Quando o menino perguntava, curioso, qual seria esse presente, a mãe explicava que a fada madrinha cuidaria disso e continuava insistindo em pedir o tão sonhado presente.

Algum tempo depois, porém, cansada por não receber a resposta, a princesa foi se aborrecendo. "Por que será que não recebi meu pedido?", pensava ela.

Cheia de dúvidas, finalmente deixou o pedido de lado. O filho continuava crescendo forte, belo e feliz, e era isso o que importava. Daquele dia em diante, nunca mais esperou pelo tão sonhado presente especial.

Certa manhã, a princesa levou um grande susto. Quando acordou, foi dar bom dia ao filho e percebeu que ele ardia em febre. Entrou em pânico. Imediatamente o médico da corte foi chamado, mas ele não descobriu a causa da febre. Remédio nenhum fazia baixá-la.

Desesperada e em meio às lágrimas, ela viu a fada madrinha aparecer à sua frente.

– Fada madrinha! Durante muito tempo lhe pedi que desse o maior de todos os presentes para meu filho. Infelizmente não fui atendida. Mas agora lhe peço apenas uma coisa: dê saúde a meu filho e nunca mais lhe pedirei nada.

Foi nesse momento que a princesa ouviu a seguinte resposta da fada madrinha:

– Minha filha, por que acha que não atendi seu pedido? Dei a seu filho o mais belo presente – disse a voz.

– Como assim? – perguntou a princesa mãe.

– Lamento que não tenha percebido.

– Mas diga-me... Qual foi o presente tão especial que deu a meu filho? Um lindo castelo? Uma carruagem de ouro? Um baú repleto de joias? O poder do rei Midas? Uma sabedoria invejável? Uma lâmpada de Aladim? Uma caixa de Pandora?

– Nenhum desses presentes se compara ao que dei a seu filho.

– Ah, não! Desculpe, mas será que se enganou e acabou entregando o presente a outra criança? Diga-me!

– Está bem! Dei a seu filho ***saúde****! Que pena que você não notou isso antes. Só agora que ele a perdeu é que você percebeu a importância do presente que lhe dei.*

A pobre mãe se desculpou, muito triste.

– É verdade... Não dei importância a seu precioso presente. Mas, se devolver a saúde a meu filho agora, serei a mãe mais feliz do mundo!

A fada madrinha, sentindo piedade da mãe, concedeu o pedido e deixou o menino completamente curado.

Daquele dia em diante, a princesa descobriu que quem tem saúde tem tudo.

Assim, mãe e filho foram felizes para sempre...

Depois de contar a história, dona Raquel perguntou se agora sabíamos qual seria o tema de estudo na escola. E a classe respondeu em conjunto:

– A saúde!

– Isso mesmo! – confirmou dona Raquel. – A história que contei fala de pessoas e objetos mágicos, como as fadas, o rei Midas, a lâmpada de Aladim e a caixa de Pandora. Na verdade, sabemos que a saúde é um presente divino.

– Professora, pode falar mais sobre essas pessoas e objetos mágicos?

– Preparei alguns cartazes. Vou colocá-los aqui na frente da classe, e vocês podem ler depois.

O PRESENTE DE MIDAS

Segundo a lenda, Midas, rei da Frígia, recebeu do deus Baco um presente especial: o dom de transformar em ouro tudo o que tocasse. Ficou deslumbrado, mas algum tempo depois descobriu que esse presente não era tão bom assim. Depois de quase morrer de fome e de sede, pois toda a comida e bebida que tocasse se transformava em ouro, pediu ao deus para retirar o dom e voltou ao normal.

O PRESENTE DE ALADIM

Certo mercador encontrou um jovem chamado Aladim na entrada de uma caverna. Pediu que o rapaz descesse por uma corda e encontrasse ali dentro uma velha lâmpada. Aladim concordou, curioso. Surpreso, ao descer à caverna, viu um grande tesouro! Encheu os bolsos com joias e brilhantes, achou a lâmpada do mercador e preparou-se para sair. Mas o mercador prendeu Aladim na caverna, mandando que entregasse a lâmpada primeiro. Aladim se recusou e acabou preso na caverna escura. Sem querer, esfregou a lâmpada, e um gênio apareceu. O gênio disse que ele poderia pedir o que quisesse. Logo Aladim falou que desejava ir para casa. Seu pedido foi imediatamente atendido!

O PRESENTE DE PROMETEU

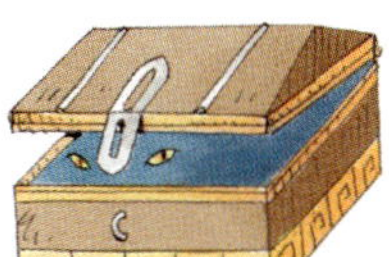

Desobedecendo à ordem de Zeus, o maior dos deuses do Olimpo, Prometeu deu de presente aos seres humanos o fogo para que dominassem a natureza.

Zeus, muito zangado, vingou-se da desobediência de Prometeu criando Pandora, a primeira mulher. Entregou a ela uma caixa, recomendando que nunca fosse aberta, porque dentro dela os deuses haviam colocado muitos males para a humanidade, como brigas, guerras e doenças. Só havia uma coisa boa ali dentro: a esperança.

Pandora não aguentou de curiosidade e abriu a caixa, liberando todos os males no mundo. Mas felizmente ainda deu tempo de fechar a caixa antes que a esperança pudesse sair.

A professora explicou que teríamos durante o ano uma programação bem animada, com pesquisas, trabalhos, entrevistas, campanhas e até teatro sobre a **saúde pública**.

– Mas, professora... o que é saúde pública? – perguntou Ronaldinho interessado.

– Não se preocupe, Ronaldinho. Amanhã teremos um convidado especial que explicará melhor isso tudo. Por ora, digo que vamos conversar e saber mais sobre a saúde em nosso dia a dia, levando em conta fatos como o que aconteceu com a Giovana lá na praia, por exemplo. Nessa experiência, deu para ela conhecer um pouco do que é a saúde pública. Agora, vamos passar para outras atividades.

A ENTREVISTA 

O que é saúde pública?

No dia seguinte, a aula já começou tratando do assunto "saúde pública".

– Bom dia, turma! A Júlia tem um tio médico que atende em um hospital público. Foi dela a ideia de trazê-lo à escola para uma entrevista. É a pessoa certa para nos ajudar a esclarecer algumas dúvidas sobre a saúde pública para que comecemos nosso trabalho. Apresento a vocês o Dr. Gilberto.

A turma cumprimentou o doutor, e a própria Júlia, sobrinha do doutor, fez a primeira pergunta.

– Tio, o que é saúde e saúde pública?

– Bem, Júlia, existe uma definição oficial da Organização Mundial da Saúde (OMS) em que "saúde é um estado de completo bem-estar físico, mental e social e não apenas a ausência de doença".

– Saúde pública, por sua vez – continuou o Dr. Gilberto –, são todos os serviços de saúde prestados pelo governo a que os cidadãos têm direito e segundo manda a Constituição. É também uma área de estudos que trata de maneiras de evitar doenças e de cuidar da saúde física e mental das pessoas.

– Legal, tio. Obrigada.

– Quem trabalha na saúde pública são médicos como o senhor, certo, Dr. Gilberto? – perguntei.

– Não só médicos, mas também profissionais de diversos campos, como enfermeiros, psicólogos, biólogos e pessoas ligadas ao meio ambiente, entre outros – disse o Dr. Gilberto. – Todos eles trabalham para desenvolver programas de saúde pública. Têm a função de cuidar da saúde da população, zelando por ela, prevenindo doenças e promovendo campanhas de esclarecimento e de orientação, bem como de vacinação para controle de doenças.

O que está sendo feito para melhorar a saúde pública?

– Dr. Gilberto, como se cuida da saúde das pessoas aqui no Brasil? – quis saber Bruna.

– Não muito bem, Bruna – disse Dr. Gilberto. – Mas esse é um problema crônico, que vem de longe. Entra governo, sai governo e a situação continua ruim. Com as pessoas vivendo mais tempo, parece que ficou ainda pior. É revoltante ver gente todos os dias morrendo nos corredores dos hospitais ou sofrendo longas horas na fila de espera com dor sem o atendimento digno a que têm direito. Mas nem tudo está perdido. Muita coisa boa está sendo feita.

– Pode dar alguns exemplos? – emendou Bernardo.

– Com prazer. Veja, Bernardo – disse o Dr. Gilberto escrevendo na lousa branca –, existem várias ações dos governos estaduais e municipais acontecendo não só para melhorar o atendimento aos doentes, mas também para diminuir a pobreza e, com isso, melhorar a saúde da população de baixa renda.

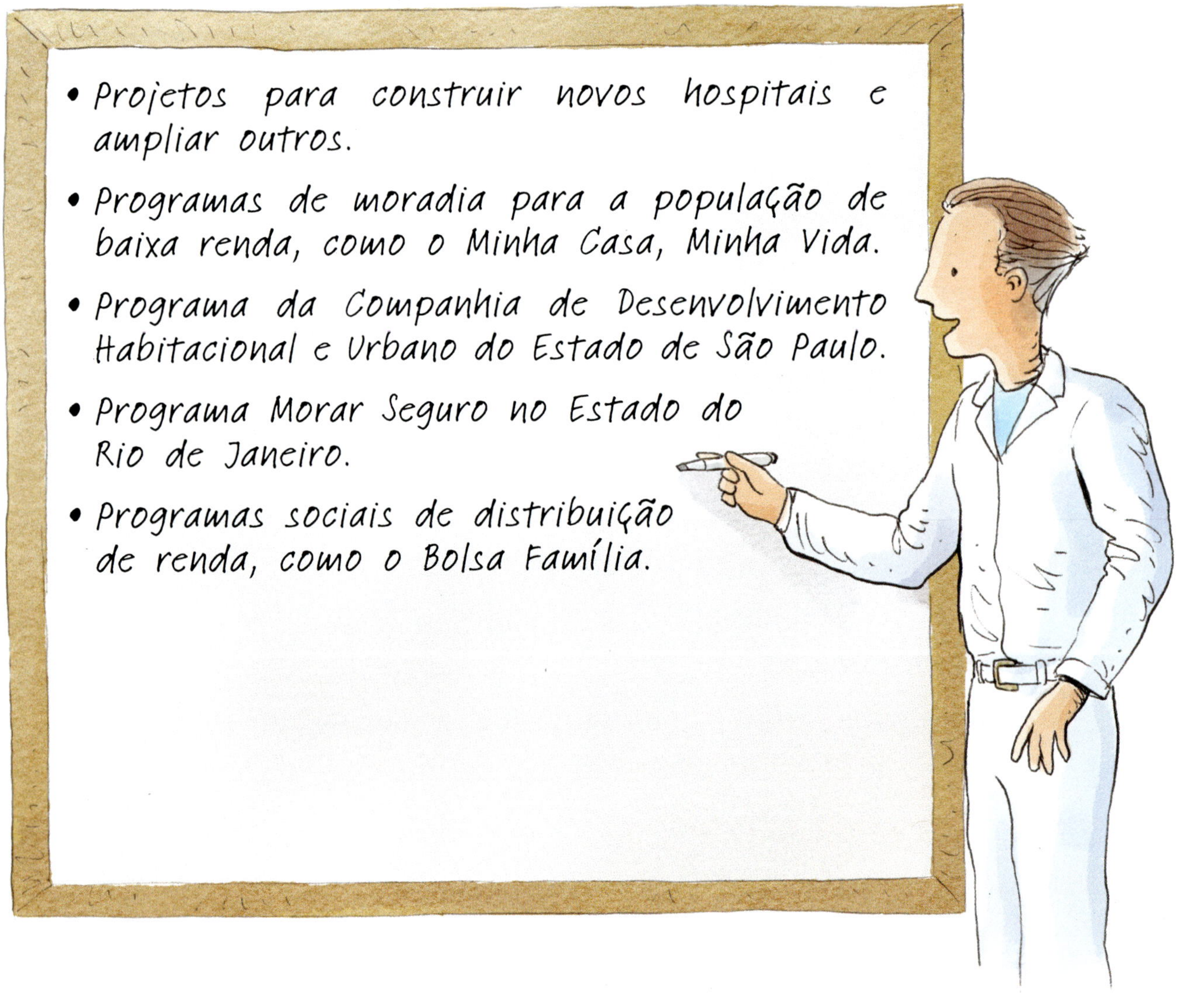

– Tudo isso é muito importante, porque saúde pública tem muito a ver com infraestrutura, ou seja, moradia adequada, rede de esgoto, água de boa qualidade, educação. Não poderíamos deixar de mencionar o trabalho dos agentes comunitários da saúde, que percorrem milhares de domicílios brasileiros, e das farmácias populares, bem como a entrega de medicamentos em domicílio e a divulgação dos medicamentos genéricos, mais baratos – disse Dr. Gilberto.

– Como podem perceber, muita coisa vem sendo feita, mas ainda falta muito a fazer. Fico feliz em ver o interesse da escola em dedicar parte do tempo e da atenção a um assunto tão importante. Foi por isso que aceitei com prazer o convite de vir falar com vocês – completou Dr. Gilberto.

Doenças no Brasil e no mundo

– O senhor poderia dizer quais são as doenças que mais matam no Brasil e no mundo? – foi a pergunta do André.

– Doenças do coração e câncer. Veja, André, só nos Estados Unidos, por exemplo, morrem cerca de 2 500 pessoas por dia de câncer – respondeu Dr. Gilberto.

– Uau, Dr. Gilberto! Tudo isso? – André ficou admirado.

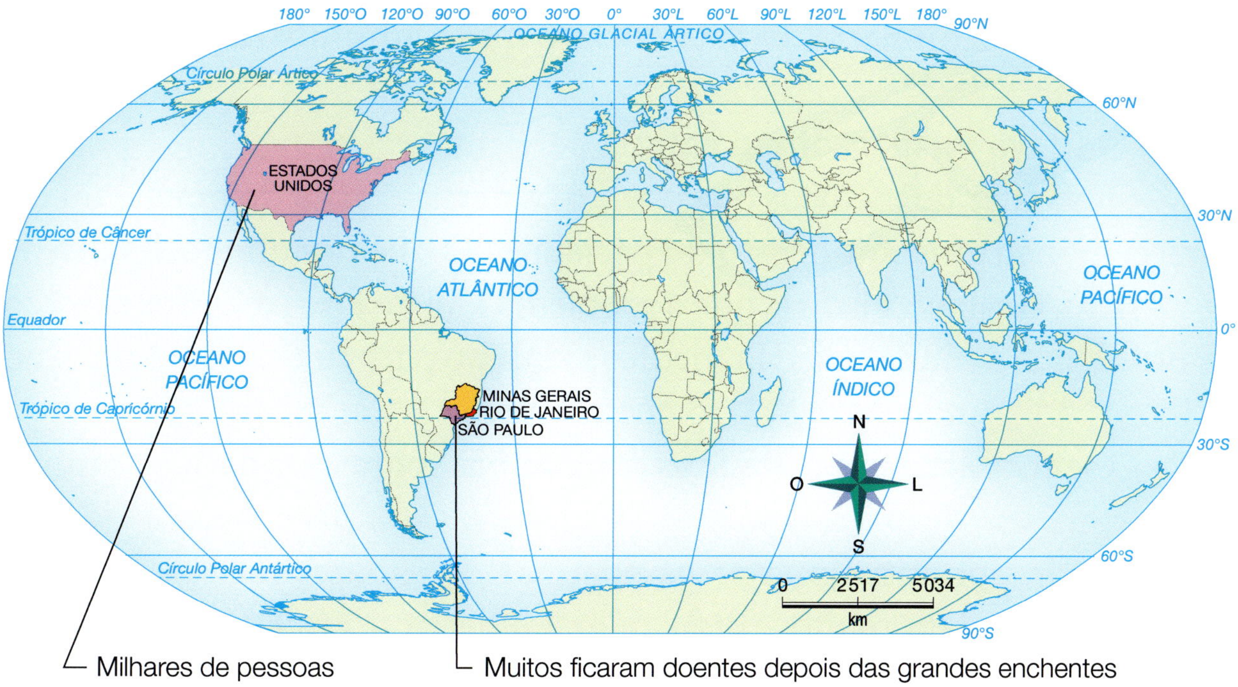

Mario Yoshida

Milhares de pessoas morrem de câncer por dia nos Estados Unidos.

Muitos ficaram doentes depois das grandes enchentes no sul de Minas Gerais, na região serrana do Rio de Janeiro e em cidades de São Paulo, em 2011.

– Infelizmente, não são apenas as doenças que matam – falou Dr. Gilberto. – Fome, desastres naturais e mudanças climáticas ainda são as principais causas de morte. Vejam alguns exemplos: o elevado número de mortes na região serrana do estado do Rio de Janeiro, no sul de Minas Gerais e em algumas cidades paulistas, em janeiro de 2011, por causa das chuvas e desmoronamentos.

– Muitas pessoas ficam doentes e até morrem ao contrair leptospirose e hepatite A, bem como diarreia, em contato com água contaminada por urina de rato em épocas de enchentes – explicou o Dr. Gilberto.

Em seguida, foi a vez de Caio perguntar:

– O que é preciso para melhorar a situação da saúde pública?

– Caio, precisamos de mais hospitais, pronto-socorros e pronto-atendimentos, postos de saúde, medicina preventiva, leis mais rígidas para evitar acidentes que geram gastos enormes e prejuízos incalculáveis, assim como o combate à corrupção – respondeu Dr. Gilberto.

Problemas da saúde pública

– Na sua opinião, qual o maior problema da saúde pública? – perguntou em seguida Letícia.

– A falta de dinheiro, Letícia. É claro que a administração também é importante.

O Gustavo foi mais direto em sua pergunta.

– Ouvi falar de médicos que operam a perna errada do doente ou que esquecem instrumentos dentro do paciente... O que o senhor acha disso?

– Bem, Gustavo, eu diria que o problema não é a formação dos médicos no Brasil, que é muita boa. Há médicos aqui no país que se comparam aos melhores do mundo. Mas é claro que sempre existem exceções...

– O senhor acha importante as campanhas sobre a saúde? – perguntou Nicole.

– São importantíssimas as campanhas de esclarecimento que o governo faz. E ajudam muito – disse o Dr. Gilberto. – Em relação à dengue, por exemplo, ainda não há vacina e, para piorar a situação, a prevenção contra a doença enfrenta enormes obstáculos, em especial nas periferias.

Eu trouxe alguns cartazes para vocês verem exemplos de campanhas do governo sobre a saúde pública. Além de combate a doenças, também incentivam a conservação da saúde por meio de prática de atividades físicas e de uma alimentação saudável, por exemplo.

Cartazes: Ministério da Saúde. Governo Federal

Cartazes de campanhas do governo de saúde pública.

Dicas para ter saúde

A aula estava para acabar e me pediram para fazer a última pergunta:

– Dr. Gilberto, que dicas o senhor nos dá, bem práticas, com bons resultados e que a gente possa fazer mesmo sendo crianças? Coisas que façam bem à saúde.

– Acho que tenho bons conselhos para vocês, Giovana. É tudo simples, fácil de fazer e com muitas vantagens. Vou escrever aqui na lousa.

- Lavar bem as mãos.
- Usar álcool gel.
- Ingerir alimentos saudáveis.
- Usar protetor solar ao se expor ao sol forte.
- Tomar bastante água.
- Ser alegre e não ter raiva das pessoas.
- Aconselhar os adultos com quem vive sobre os prejuízos do álcool e do fumo e sobre a importância de fazer atividades físicas.

– Quero enfatizar que vocês devem aprender a lavar bem as mãos, friccionando não apenas a palma das mãos, mas também o dorso e entre os dedos. Com frequência tocamos locais em que centenas ou milhares de outras pessoas já colocaram as mãos, como corrimãos, maçanetas (em especial as de banheiro), canos em que as pessoas se seguram dentro dos transportes públicos e tantos outros lugares... Quem garante que essas pessoas estavam com as mãos limpas? O hábito de lavar bem as mãos evita muitas doenças, tenham certeza disso.

– Numa epidemia de gripe que aconteceu em 2010 – continuou o Dr. Gilberto –, todos se preocupavam em higienizar as mãos com álcool em forma de gel. Por que paramos de fazer isso? Continuem com esse hábito sempre. Querem mais? Saibam escolher seus alimentos, os que de fato fazem bem à saúde. Usem protetor solar quando se expuserem ao sol forte, tomem bastante água, sejam alegres, não guardem raiva de ninguém... Em relação aos adultos com quem vocês vivem, também podem dar uma grande contribuição à saúde aconselhando-os sobre os prejuízos do fumo e do álcool e sobre a importância de fazer atividades físicas... Está bem assim, Giovana?

– Está ótimo, Dr. Gilberto. Eu não fazia ideia de que podia ajudar tanto. Prometo que vou fazer minha parte. Obrigada.

Como não houvesse mais tempo, a professora agradeceu a visita do tio de Júlia, que foi muito aplaudido.

Antes de dispensar a turma, pediu aos alunos:

– Para amanhã, procurem notícias de jornal e de revistas falando sobre a saúde pública e tragam para a classe. Assim, poderemos conversar melhor sobre o assunto, certo, crianças?

MÃOS À OBRA!

A aula do dia seguinte já começou cheia de emoções. Jorginho deixou a classe chocada ao mostrar um artigo de jornal sobre um caso que aconteceu em outra cidade. Falava de uma menina que havia morrido por ter tomado a injeção errada.

– Que coisa! – disse Andreia impressionada. – Podia ter acontecido comigo... Fui ao posto de saúde outro dia e tomei uma injeção.

Outros casos foram apresentados pelos colegas.

– Dona Raquel, eu vi na televisão reportagens sobre pessoas que ficam horas e horas nas filas de atendimento. Algumas morrem até antes de ser atendidas – disse a Andreia.

– É mesmo! Numa das reportagens, uma moça, depois de passar por vários hospitais sem que descobrissem por que ela estava doente, acabou morrendo.

– Que horror! – disse Bruno.

– Ainda bem que a minha família tem plano de saúde... – disse Tereza.

– Professora, o que me deixa triste é que isso acontece só com as pessoas pobres. Quem pode pagar é muito bem tratado em ótimos hospitais... – disse Pedro.

– Você tem razão – disse a professora. – Infelizmente é isso mesmo o que acontece. Mas a Constituição brasileira, a lei principal do Brasil que trata dos direitos e deveres dos cidadãos brasileiros, diz que todos são iguais perante a lei e todos têm direito à saúde.

– Então, todo mundo deveria ser tratado de modo igual, não é, professora? – disse Pedro.

– Pois é, Pedro... Mas o tempo passou depressa! A aula já vai terminar! Amanhã continuamos nossa conversa.

Assim, passamos para as outras atividades da aula.

QUEM PAGA A CONTA

No dia seguinte, dona Raquel começou um novo assunto: o dinheiro para a saúde pública.

– Há quem pense que não pagamos pelos serviços de saúde pública. Não é bem assim. Nada é de graça. Na verdade, todo atendimento que recebemos do governo é pago pelos impostos e taxas que ele cobra. Com esse dinheiro o governo mantém os serviços prestados à população. Como podem ver, nada é dado de graça.

Toda a turma ouvia com atenção.

– Nem todos podem ter um plano de saúde como a família da Tereza, felizmente, tem – continuou dona Raquel. – O certo seria que ninguém precisasse pagar um plano de saúde, e que o atendimento de saúde pública fosse muito eficiente. Os serviços de saúde deveriam ajudar sempre os que deles necessitam. Mas isso nem sempre acontece.

Mudando de assunto, a professora concluiu:

– Bem, agora vamos mudar a atividade, mas amanhã tem mais! – disse dona Raquel, preparando-se para começar a tratar do próximo item de estudo com a turma.

O QUE O LIXO TEM A VER COM SAÚDE?

A professora começou a aula de hoje falando sobre uma questão diferente: o lixo.

– Mas o que o lixo tem a ver com nosso assunto de estudo, a saúde pública, professora? – perguntei.

– Ora, Giovana, o lixo, ou como se diz hoje os resíduos sólidos, tem tudo a ver com a saúde das pessoas. Se não for devidamente **descartado**, pode causar doenças.

Maurício Simonetti/Pulsar

Descartado: jogado fora.

Lixo, não: resíduos sólidos

A professora explicou:

– Existe um projeto de lei no Congresso Nacional que fala de resíduos sólidos e de como devem ser tratados para proteger o meio ambiente. É preciso REDUZIR, RECICLAR e REUTILIZAR os resíduos sólidos, o que é conhecido como os 3 Rs. Já existem mais dois Rs sugeridos: REDUZIR a produção de dejetos, ou lixo, e RECUSAR comprar coisas não necessárias. Assim, só será descartado em **aterros sanitários** ou em lixões o que for de fato rejeito, ou material não aproveitável.

> **Aterro sanitário:** depósito de resíduos sólidos, colocados em camadas, para agredir menos o meio ambiente.

Antônio Milena/AE

Vista aérea do aterro sanitário Bandeirantes, Perus, São Paulo, SP, maio de 2008.

Infográfico de aterro sanitário.

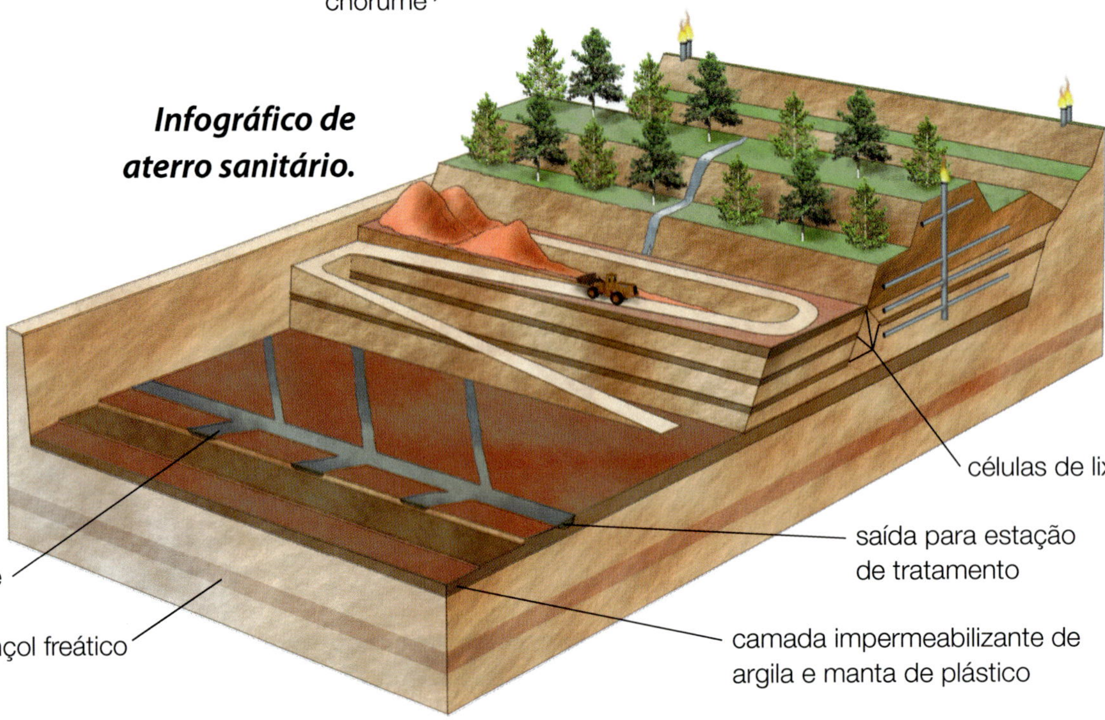

Paulo Nilson

PROJETO DE LEI

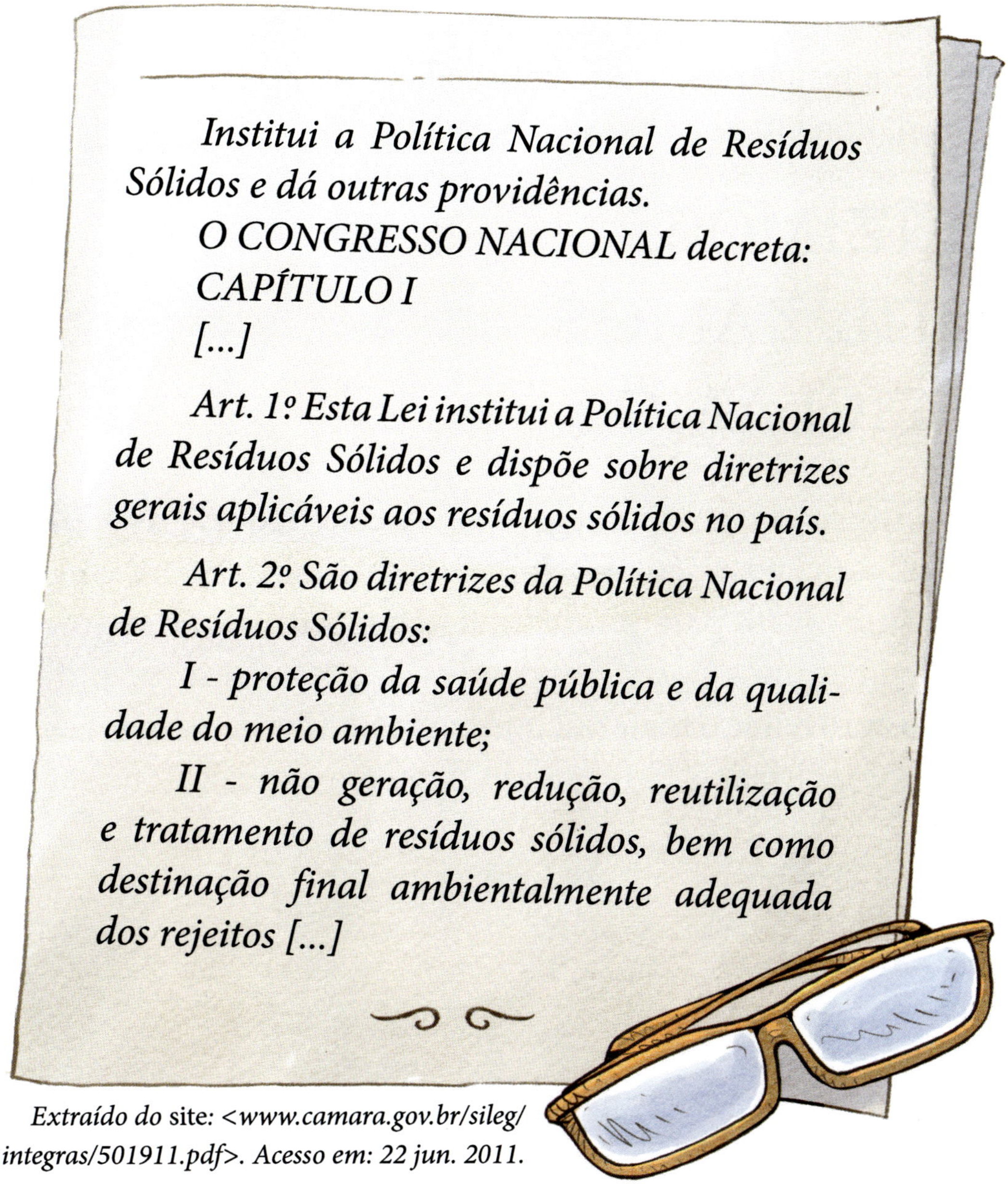

Instituí a Política Nacional de Resíduos Sólidos e dá outras providências.

O CONGRESSO NACIONAL decreta:

CAPÍTULO I

[...]

Art. 1º Esta Lei institui a Política Nacional de Resíduos Sólidos e dispõe sobre diretrizes gerais aplicáveis aos resíduos sólidos no país.

Art. 2º São diretrizes da Política Nacional de Resíduos Sólidos:

I - proteção da saúde pública e da qualidade do meio ambiente;

II - não geração, redução, reutilização e tratamento de resíduos sólidos, bem como destinação final ambientalmente adequada dos rejeitos [...]

Extraído do site: <www.camara.gov.br/sileg/integras/501911.pdf>. Acesso em: 22 jun. 2011.

– Hoje o mínimo que cada um pode fazer em casa é separar os resíduos sólidos em secos e úmidos. Existem várias ações para transformar resíduos sólidos e reaproveitá-los, tornando-os úteis. Os resíduos úmidos são os orgânicos, ou basicamente restos de alimentos, que também poderiam ser mais bem aproveitados. As cascas de frutas, por exemplo, em vez de descartadas, poderiam ser reaproveitadas em receitas gostosas. Os resíduos orgânicos DEPOIS DE PASSAR POR UM PROCESSO DA COMPOSTAGEM também podem ser reaproveitados como adubo para plantas.

Logo em seguida, a professora pediu:

– Tragam amanhã objetos que descartariam, como garrafas e latas de refrigerante, tampinhas e embalagens vazias limpas, entre outros. Vamos reaproveitar e reciclar todo esse material.

– Legal, dona Raquel, vai ser divertido!

REDUZIMOS, REUTILIZAMOS E RECICLAMOS

Que animação quando chegamos à escola naquele dia! Eu levei uma garrafa PET para fazer meu trabalho. Todos os colegas também lembraram de levar algum objeto para produzir algo com ele.

Logo começamos nossas atividades. A professora orientou cada um sobre como aproveitar o material que havia levado, e assim foi fácil fazer os novos objetos reciclados. O resultado ficou em exposição na sala de aula.

Fernando Moraes/Folhapress

Bolsa de crochê com lacres de lata de refrigerante.

Eduardo Delfim/Editora Abril

Castiçal de lata de alumínio.

Paulo Giandalia/Folhapress

Elefante de papelão.

Innis McAllister/Alamy/Otherimages

Sacola feita com sacos plásticos.

Pick and Mix Images/Alamy/Otherimages

Foguete de papel machê.

Arterra Picture Library/Alamy/Otherimages

Carrinho de lata.

Fernando Favoretto/Criar Imagem

Vaso de garrafa PET.

Gabo Morales/Folhapress

Jogo com tabuleiro de papelão e peças de tampinhas de garrafa.

Rafael Hupsel/Folhapress

Jogo da memória de caixinhas de fósforo.

Depois das atividades com os materiais trazidos por nós, dona Raquel explicou que existem muitos *sites* na internet com ótimas dicas para reaproveitar partes dos alimentos que a gente costuma jogar fora. Distribuiu, para todos provarem, um delicioso doce de casca de banana – sim, da casca! Veja só a receita.

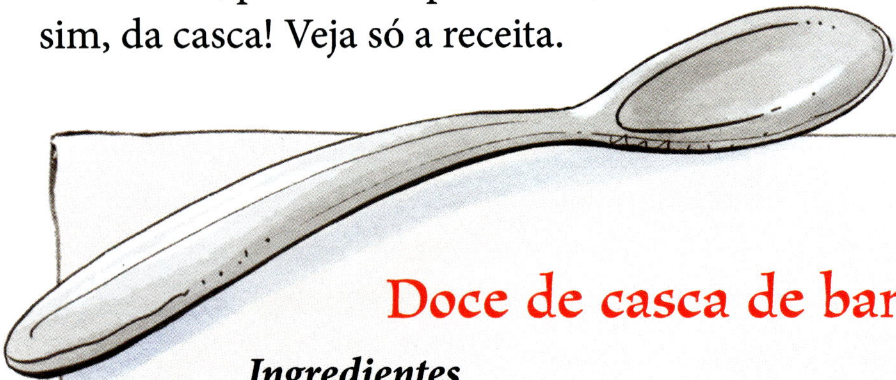

Doce de casca de banana

Ingredientes

- *5 xícaras (chá) de cascas de bananas-nanicas bem lavadas e picadas*
- *2 e 1/2 xícaras (chá) de açúcar*

Modo de preparo

Cozinhar as cascas, em pouca água, até amolecerem.

Retirar do fogo e escorrer. Bater as cascas com um pouco de água no liquidificador e passar por peneira grossa.

Juntar o açúcar e levar novamente ao fogo, mexendo sempre, até desprender do fundo da panela.

Dicas: Se desejar fazer docinho de enrolar, basta acrescentar, após passar por peneira grossa, 2 colheres (sopa) de farinha de trigo e levar ao fogo, mexendo sempre, até desprender do fundo da panela. Deixar esfriar um pouco e acrescentar 1 colher (sopa) de margarina, misturando bem. Deixar esfriar, enrolar e passar em açúcar cristal.

ÁGUA, FONTE DE VIDA

Dona Raquel começou a aula de hoje tratando de outro assunto importante para a saúde: a água.

– A água é o bem mais precioso que há na Terra. Sem água não há vida! – disse a professora falando sobre a saúde. – Na catástrofe que aconteceu na região serrana do estado do Rio de Janeiro em janeiro de 2011 – continuou ela –, um pai, que permaneceu quinze horas embaixo de materiais e terra, preso por causa do deslizamento de uma barreira, conseguiu manter o filho de 6 meses vivo dando-lhe sua saliva para beber...

– Mesmo sendo abundante em algumas regiões, a água é **escassa** em muitas áreas do planeta.

Escasso: reduzido, de que há pouco.

Photodisc/Getty Images

Deserto do Saara, África.

MedioImages/Getty Images

Rio Amazonas, Brasil.

– Dona Raquel – disse Paulo –, recebi um *e-mail* contando de um menino canadense, de apenas 6 anos, que tomou uma decisão muito legal ao saber que muitas crianças e adultos na África sofriam pela falta de água limpa.

– O que foi que ele fez? – quis saber um dos colegas.

– Posso ler o *e-mail* que conta a história dele? – perguntou Paulo.

– Claro! – concordou a professora.

George Pimentel/WireImage/Getty Image

Ryan Hreljac recebendo o prêmio dado a pessoas que fazem a diferença. Toronto, Canadá.

Ryan nasceu no Canadá em maio de 1991, ou seja, em 2011 já estava com 20 anos. Quando pequeno, na escola, com apenas 6 anos, a professora falou na classe sobre como viviam as crianças na África. Ficou muito emocionado ao saber que algumas até morrem de sede e que não há poços de onde tirar água. E pensar que a ele bastavam alguns passos para que a água saísse da torneira durante horas...

Ryan perguntou para a professora sobre como construir poços e quanto isso custaria. A professora pensou um pouco.

— Existem vários tipos de poços, como o **artesiano** e o **semiartesiano**. Sei de uma empresa que faz poços — disse a professora. — Acho que construir um custa uns 70 dólares, mais ou menos.

Ao chegar em casa, o menino pediu à mãe essa quantia em dinheiro, porque queria muito fazer um poço na África. A mãe concordou em dar-lhe o dinheiro, se ele fizesse pequenas tarefas domésticas. O menino pediu para a mãe ir com ele procurar uma empresa de perfuração de poços artesianos. Disse o que gostaria de fazer e ficou surpreso ao saber que o valor seria, na verdade, de 2 mil dólares, muito mais do que imaginara.

Mesmo assim, não desanimou. Com um valor tão alto, a única saída foi pedir a ajuda de parentes, vizinhos e amigos... Com o auxílio de todas essas pessoas, ele conseguiu o dinheiro necessário!

Com o dinheiro, finalmente, em mãos, foi de novo com a mãe à empresa de poços. Entregou o dinheiro para que fizessem um poço na África.

A alegria do menino foi tanta que ele não parou por aí. Com o tempo, ele cresceu e fundou uma ONG com o objetivo de abrir novos poços. Ele já conseguiu levar água para mais ou menos meio milhão de africanos!

Fonte de pesquisa: <www.ryanswell.ca/>. Acesso em: 25 jun. 2011.

Poço artesiano: buraco escavado de modo natural ou artificial, em que a água é naturalmente movida para cima até a superfície do solo.

Poço semiartesiano: buraco escavado de modo natural ou artificial, do qual a água não jorra, sendo preciso utilizar aparelhos para puxá-la para cima.

– Que bonito! São atitudes como essa que nos fazem crescer e colaborar para que tenhamos um mundo melhor – disse a professora.

– Saberia dizer o nome dele?

– Sim – disse Paulo –, está anotado em meu caderno... É Ryan Hreljac.

– Eu também gostaria de fazer alguma coisa – disse Caio.

– Que bom! O mundo precisa de pessoas como vocês.

– Professora, no Brasil também há regiões com escassez de água, não é mesmo? – disse Carol.

– Sim, Carol. Sei inclusive de escolas que fizeram doações para a construção de cisternas, ou poços, no sertão nordestino.

– Por que não fazemos o mesmo?

– Vou pensar no assunto e depois conversaremos – comentou dona Raquel.

GESTO DE NOBREZA

Minha colega Maria Eduarda falou que viu na tevê fazerem um apelo para a doação de órgãos. Por curiosidade, perguntou à professora o que as pessoas deveriam fazer para se tornar doadoras. Percebendo o interesse da aluna, a professora aproveitou para falar sobre esse assunto, que também tem tudo a ver com salvar vidas e com saúde pública.

– Professora!

– Sim, fale, Maria Eduarda.

– Estou me lembrando de um caso que vi na televisão que não dá nem para acreditar.

– E qual foi?

– Foi assim. Uma menina disse aos pais que se morresse gostaria que seus órgãos fossem doados. Por tamanha coincidência, veio a falecer dias depois.

– Que coisa, estou arrepiada só de ouvir! – comentou a professora.

– Mas foi o que aconteceu de verdade. Os pais atenderam o desejo da filha. Os órgãos dela salvaram a vida de várias pessoas.

UM NOVO CORAÇÃO

– Professora, já que estamos nesse assunto, saberia dizer quem foi o médico que fez o primeiro transplante de coração? – perguntou João Pedro.

– Tenho uma ideia. Vocês mesmos vão pesquisar sobre isso na sala de Informática.

– Oba! Melhor ainda. Pesquisar na internet é comigo mesmo! – disse Ana.

– Comigo também! – emendou Gustavo.

– Que tal vocês realizarem também uma pesquisa com os familiares e amigos para saber se gostariam de ser doadores? Aproveitem para descobrir pessoas doadoras de sangue – disse dona Raquel.

– Professora, seria legal se a gente descobrisse alguma pessoa que já doou parte de seus órgãos em vida!

– Sim, é claro. E saber dela como foi, não é mesmo?

Em seguida, a professora levou toda a turma para a sala de Informática. Acessando alguns *sites* descobrimos tudo o que queríamos.

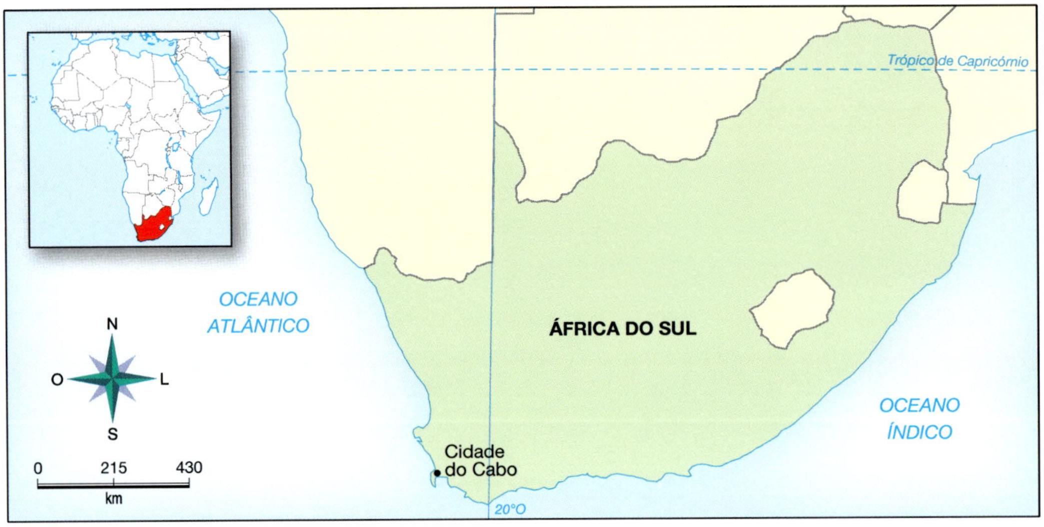

O primeiro transplante de coração aconteceu na cidade do Cabo, na África do Sul, em 3 de dezembro de 1967. A **cirurgia** durou cinco horas. O cirurgião-chefe foi o Dr. Christian Barnard, um sul-africano.

Cirurgia: operação.

No Brasil, o primeiro transplante de coração aconteceu na manhã de 26 de maio de 1968. Foi feito pelo Dr. Euryclides de Jesus Zerbini no Hospital das Clínicas, em São Paulo.

Christian Barnard explica a jornalistas como realizou transplante de coração. Cidade do Cabo, África do Sul, 1967.

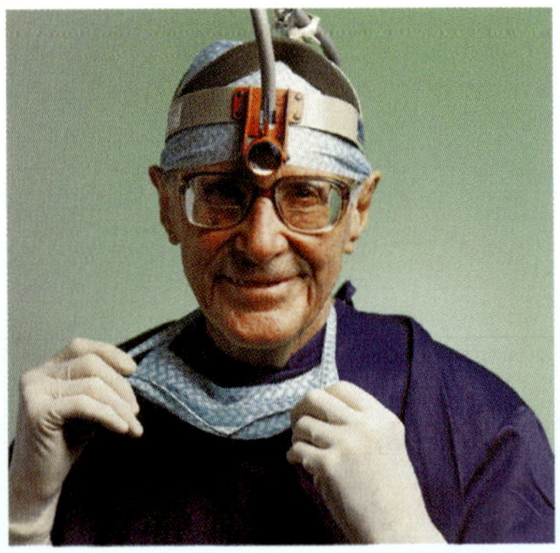

Euryclides de Jesus Zerbini, 1993.

Tanto na África do Sul como no Brasil, as pessoas transplantadas sobreviveram poucos dias por problemas de rejeição de órgãos. Hoje essa complicação já está praticamente resolvida pela Medicina.

– Hoje transplantes de coração e outros órgãos são rotineiros. Só não acontecem ainda em maior número por falta de doadores – comentou dona Raquel.

No final da aula, quando tínhamos pesquisado e descoberto o que queríamos, a professora disse que tinha uma história para contar.

AMOR SEM LIMITES

No dia seguinte, quando a professora entrou na classe, todos a cobraram ao mesmo tempo:

– Professora, queremos que nos conte a história que nos prometeu!

– Está bem. Na verdade não se trata de uma história, mas de algo que aconteceu de verdade.

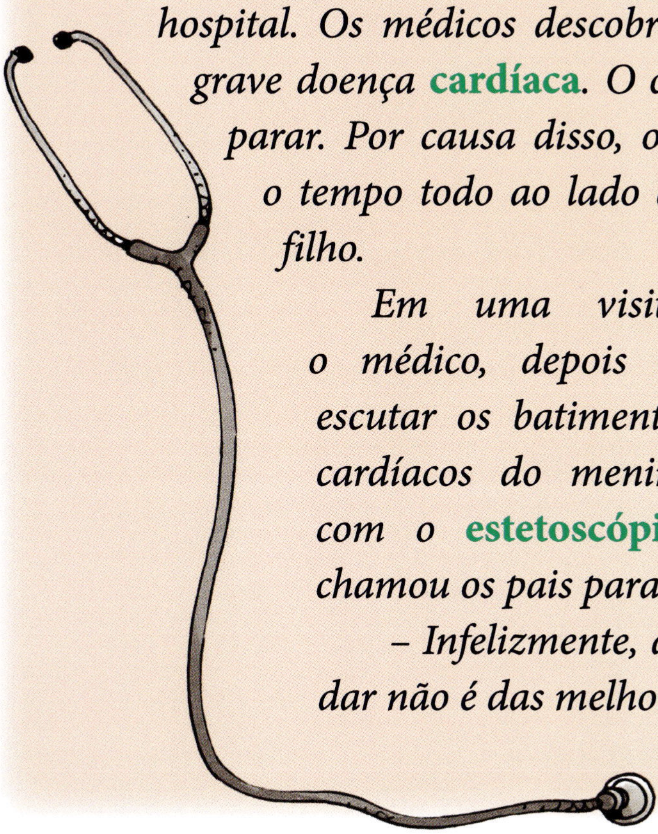

Um menino ficou muito doente e foi internado no hospital. Os médicos descobriram que ele tinha uma grave doença **cardíaca**. *O coração dele estava prestes a parar. Por causa disso, os pais da criança passavam o tempo todo ao lado do filho.*

Em uma visita, o médico, depois de escutar os batimentos cardíacos do menino com o **estetoscópio**, *chamou os pais para fora do quarto e disse a eles:*

– Infelizmente, a notícia que tenho para lhes dar não é das melhores.

Cardíaco: referente ao coração.

Estetoscópio: instrumento utilizado para auscultar (aplicar o ouvido para conhecer os ruídos que se produzem dentro do organismo) diferentes áreas ou órgãos do corpo, neste caso, o coração.

– Como assim, doutor? – quiseram saber o pai e a mãe ao mesmo tempo.

– Como sabem, o coração de seu filho não está nada bem. Estamos fazendo o possível, mas pode parar de bater a qualquer momento.

Os pais começaram a chorar. O médico tentava acalmá-los.

– Como disse, não temos mais o que fazer a não ser que...

– Continue, doutor. A não ser que o quê? –insistiu o pai desesperado.

– A não ser que aconteça um milagre.

– Um milagre?! Como assim, doutor? – quis saber a mãe, enxugando as lágrimas que lhe escorriam pelo rosto.

– O milagre a que me refiro é que ainda hoje apareça um doador. Mas teria de ser logo, antes que o coração de seu filho pare de vez.

– Um milagre?! – disse a mãe com os lábios tremendo. – Eu sei que vai acontecer!

Os olhos avermelhados dos pais quando voltaram ao quarto chamaram a atenção do filho.

– Mãe, seus olhos estão vermelhos. O que foi que aconteceu?

– Nada, meu filho.

– Quando eu vou sair do hospital? Vi o médico falando com vocês.

– Logo, meu filho – disse a mãe com voz chorosa, tentando esconder o desespero.

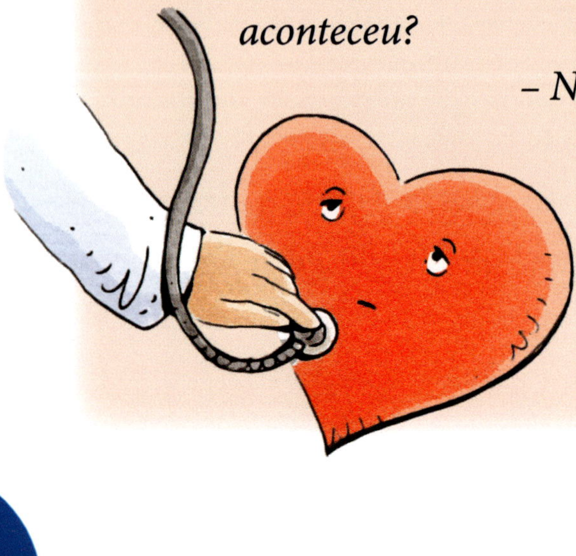

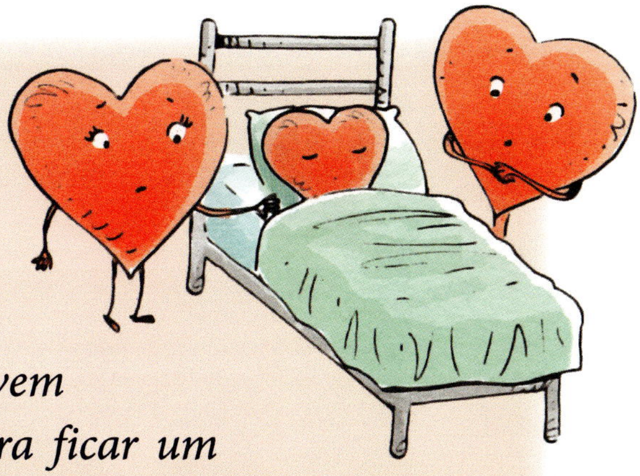

– Que bom. Se é assim, por que não vão descansar um pouco lá em casa?

– Nem pense nisso, filho.

– Faz dias que estão aqui... Devem estar muito cansados. Aproveitem para ficar um pouco em casa e dar uma arrumada no meu quarto para quando eu tiver alta. Não vejo a hora de voltar para a casa!

– Filho, você não precisa se preocupar com a gente. Não estamos cansados e gostamos de ficar aqui fazendo companhia a você – disse a mãe tentando desconversar.

– Então, tudo bem. Acho que vou dormir... Estou me sentindo um pouco cansado... Aproveitem para tirar um cochilo no sofá.

O médico já estava distante no corredor quando os pais ouviram um celular tocar. Era o do médico. Os pais correram até a porta e ficaram prestando atenção ao que ele dizia.

– O que será que está acontecendo? – perguntaram eles.

Foram segundos de suspense. O médico falava alto, mas ele se limitava a responder: sim, sim, sim! Já estou indo! Os pais continuavam imóveis e sem ação. Teria aquele telefonema a ver com a vida do seu filho? Guardando o celular, o médico retornou apressado ao quarto para falar com os pais do menino, que ainda permaneciam **estáticos** *e mudos na porta do quarto.*

Estático: parado como estátua.

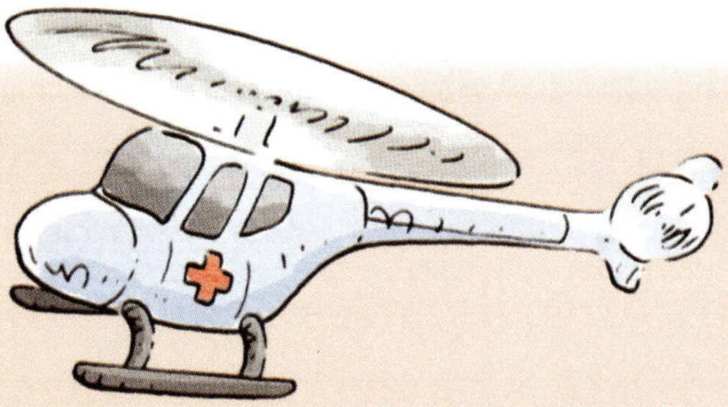

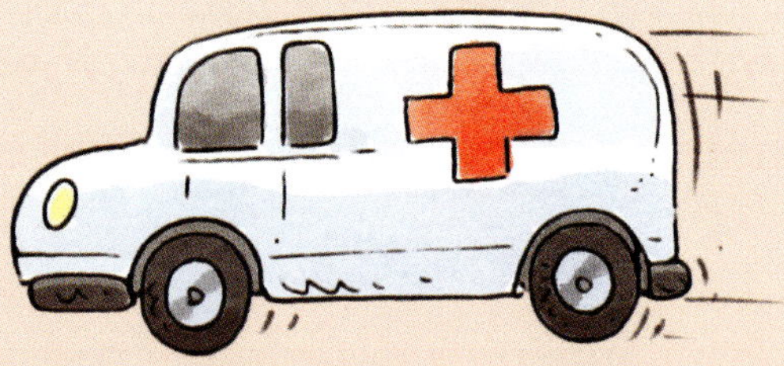

– *Tenho uma notícia para lhes dar.*

– *Boa ou ruim, doutor? – perguntaram juntos pai e mãe.*

– *O que vocês acham?*

– *Tem a ver com o telefonema que acabou de receber? – quis saber o pai.*

– *Sim – respondeu secamente o médico.*

– *Fala logo doutor. Qual é a notícia? – suplicou a mãe.*

– *Vocês conseguiram! A senhora conseguiu!! O milagre aconteceu! Estamos indo buscar um novo coração para o seu filho. Acabamos de receber a notícia de que temos o coração de um doador. Preciso ir buscá-lo rápido e preparar a cirurgia para o transplante. – Ao sair correndo pelo longo corredor do hospital com o* **jaleco** *branco levantado pelo vento atrás de si, parecia até um anjo voando apressado em socorro de alguém.*

Rubberball/Getty Images

Jaleco: espécie de jaqueta usada por médicos.

Enquanto o menino dormia tranquilo sem saber o que se passava, os pais, abraçados e emocionados, agradeciam o milagre alcançado.

Um jovem havia sofrido acidente e morrido. Por sorte, ele era doador. O coração dele foi

retirado e trazido de helicóptero para o hospital. O garoto, ainda dormindo, foi levado às pressas à sala de cirurgia e submetido aos procedimentos de preparação para a realização do transplante. Mais do que depressa, tiraram dele o coração prestes a parar de bater e introduziram o novo coração.

Assim, graças a um doador e a sua família que pensou nas necessidades do próximo, aquele menino hoje está vivo.

Photodisc/Getty Images

Médico cuida de seu paciente com interesse e disposição.

Quando a professora acabou de contar o fato, percebi vários colegas com os olhos cheios de lágrimas, alguns até limpavam o nariz. Não vou mentir: eu mesma era um deles...

– Professora, que tal fazermos dessa história uma peça de teatro?

– É! E apresentá-la a nossos pais e aos colegas de outras turmas – falei.

– Ótima ideia! Vamos trabalhar para isso, então.

Com a ajuda da professora, iniciamos os preparativos e os ensaios da emocionante história *Amor sem limites*.

FINAL... ATÉ OS PRÓXIMOS CAPÍTULOS

Saúde é um assunto bem variado e muito amplo. E não é chato, porque não se trata só de falar de doenças e hospitais – essa é só uma parte da história. A gente conseguiu, com a ajuda da professora, conversar sobre vários temas, e a turma gostou muito desse projeto.

Tudo o que produzimos com objetos descartados, e que transformamos em objetos úteis e artísticos, ficou exposto no corredor de entrada do auditório da escola.

Hoje é sábado, e o auditório está lotado de convidados. É o dia de apresentar *Amor sem limites*, nosso texto sobre a saúde em forma de teatro. A peça agradou tanto que fomos aplaudidos de pé.

No final da apresentação, a professora organizou uma mesa-redonda. Participaram o Dr. Gilberto e alguns de seus colegas do hospital em que ele trabalha. Depois, houve um animado debate com os presentes, e todos puderam conversar bastante sobre a saúde pública em nosso país.

Mas a conversa não acaba aí. Até os próximos encontros e capítulos!

AUDITÓRIO

BIBLIOGRAFIA

BRASIL. Ministério da Saúde. Monitoramento e avaliação das atividades de vacinação. In: _________. *Manual de procedimentos para vacinação.* 4. ed. Brasília, 2001.

_________. Lei n. 8142, de 28 de dezembro de 1990. Dispõe sobre a participação da comunidade na gestão do Sistema Único de Saúde (SUS) e sobre as transferências intergovernamentais de recursos financeiros na área da saúde e dá outras providências.

BUSS, Paulo M. Uma introdução ao conceito de promoção da saúde. In: CZERESNIA, D.; FREITAS, C. M. de (Orgs.). *Promoção da saúde: conceitos, reflexões, tendências.* Rio de Janeiro: Fiocruz, 2003.

CONSUMO SUSTENTÁVEL E AÇÃO. São Paulo: Imprensa Oficial do Estado/Instituto 5 Elementos de Educação e Pesquisa Ambiental/ Instituto HSBC Solidariedade, 2009.

LOURENÇO, Edvânia A. S. e outros (Orgs.). *Trabalho, saúde e serviço social.* Curitiba/Franca: CRV/Unesp, 2010.

PONTE, Carlos F.; FALLEIROS, Ialê (Orgs.). *Na corda bamba de sombrinha: a saúde no fio da história.* Rio de Janeiro: Fiocruz/COC-EPSJV, 2010.

Sugestão de *sites*

<http://observatoriohistoria.coc.fiocruz.br/local/File/livro-na-corda-bamba-de-sombrinha.pdf>. Acesso em: 2 dez. 2008.
Site que traz o texto do livro *Na corda bamba de sombrinha: a saúde no fio da história*, organizado por Carlos Ponte e Ialê Falleiros Fidelis.

<www.funasa.gov.br/internet/arquivos/legislacao/leis/lei8142.pdf>. Acesso em: 1º dez. 2008.
Página da internet com texto da Lei n. 8 142, de 28 de dezembro de 1990. Trata de diversos assuntos relacionados à saúde pública.

<www.akatu.org.br/Institucional>. Acesso em: 18 jul. 2011.
Site da organização não governamental Instituto Akatu, que trabalha para incentivar o consumo consciente por meio de várias ações e atividades.

<www.5elementos.org.br/5elementos/ecoprodutos.asp>. Acesso em: 18 jul. 2011.
Site do Instituto 5 Elementos, da Organização da Sociedade Civil de Interesse Público (Oscip), fundada em 1993, em São Paulo, voltada para práticas que têm o objetivo de transformar a relação das pessoas com a natureza e o meio ambiente urbano.

<www.turminha.mpf.gov.br/direitos-das-criancas/20-anos-do-eca/direito-a-vida-e-a-saude-toda-crianca-tem>. Acesso em: 18 jul. 2011.
Site da Turminha do MPF, criado pelos servidores da Secretaria de Comunicação Social da Procuradoria Geral da República em 2009. Voltado para o público infantojuvenil, trata de assuntos relacionados às áreas de atuação do Ministério Público Federal, como a saúde pública.

Impresso no Parque Gráfico da Editora FTD
Avenida Antonio Bardella, 300
Fone: (0-XX-11) 3545-8600 e Fax: (0-XX-11) 2412-5375
07220-020 GUARULHOS (SP)